하얀

수레바퀴

하얀 수레바퀴

1판 1쇄 인쇄 | 2023. 08. 5
지은이 | 여도현
발행인 | 맹경화
발행처 | 푸른산
등록번호 | 제 301-2013-107호
주소 | 서울시 중구 을지로18길 25-2
TEL | 02-2275-3479
FAX | 02-2275-3480
E-mail | csmac69@hanmail.net

값 10,000원

ⓒ 2023
ISBN 979-11-970179-8-8 03810

• 파본은 교환해 드립니다.
• 저작권은 저자에게 있습니다.
• 양측의 서면 동의 없이 무단 전재나 복제를 금합니다.

푸른시선집 23-5

하얀 수레바퀴

여도현 시집

푸른

시인의 말

시에 이르는 길에서
나를 찾는다
멀다
화전놀이 갔다 돌아오니
뜰 안에 매실
벌써
익어가고 있다

계묘년 초하
여하제에서
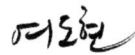

차 례

시인의 말 | 5
詩作 노트 | 122

제1부

산도화 | 13
낙일 소묘 | 14
노을 | 15
눈 길 머무는 곳 | 16
대추나무 | 17
들꽃도 임자가 있다 | 18
무심 | 19
뭐 하는 고 | 20
반추 | 21
빈 집 | 22
그럴 뿐 | 23
설야 한담 | 24
세 마디만 한다면 | 25
소素 | 26
소나기 | 27

씻을 물이 없다 | 28

여하산방 | 29

여하일기 초抄 | 30

일몰 | 31

조손 한담 | 32

지팡이 | 33

화려한 날 | 34

하얀 내음 | 35

한 치 앞 | 36

화각畵刻 | 37

지상에서 가장 큰 소리 | 38

제2부

검은 내黑川 | 41

고향에 두고 온 것 중에 | 42

사랑법 | 43

나무가 자라는 건 | 44

낙화생落花生 | 45

개안開眼 | 46

문득 | 47

농사철 풍경 | 48

눈빛이 닮았다 | 49

담소 | 50

당랑일지 | 51

명아주는 심지 않겠다 | 52

명절 무렵 | 53

사부곡 | 54

산촌 랩소디 | 56

밤꽃이 필 때 | 58

별의 보관법 | 59

울음의 색깔 | 60

탱자의 귓속말 | 61

푼수 | 62

제3부

3월에 내리는 눈 | 65

개 족보 | 66

김 영감 | 68

노상방뇨 사건 | 69

동자승은 수행 중 | 70

뒤돌아보는 것 | 71

만다라 | 72

바위의 독백 | 73

밝은 눈 | 74

별리 | 75

봄에 듣는 소리 중에 | 76

비대면 풍경 | 77

비움 | 78

빈잔 | 79

수저 셈법 | 80

아내가 | 81

자식들 | 82

떠날 때는 | 84

왜가리 가족 | 85

용문산 야경 | 86

장독대 | 87

재촉 | 88

지렁이를 찬함 | 89

단풍 비雨 | 90

행각 | 91

허튼 말놀이 | 92

제4부

별당 야경 | 95

부부 | 96

한 가지만 남았다 | 97

아름다운 글씨 | 98

바람이 남긴 말 | 99

병식이 | 100

분별 | 101

산불 | 102

사소하지 않는 일 | 103

씨눈 앓이 | 104

메밀 | 105

이장은 괴롭다 | 106

중심 잃은 거리 | 108

악동樂童 천하 | 109

산림총회 | 110

노티기 | 111

삼강나루 | 112

말 무덤言塚 | 114

청단 놀음 | 116

제1부

산도화

그렇게
소리죽여
웃음을 웃다가 웃어
더는 참을 수 없어
그 웃음 가지에
달거리를 하였으니

낙일 소묘

길어서 아픈 강물
생인손을 감춘다

달빛에
가난을 익히던
객창客窓

진날
하얀 수레바퀴의
음색

어둠도 꽃이 핀다

노을

산을 넘는 노인이
쇠북을 메고 간다

이런 날은
이끼 낀 돌에서
돌돌돌 돌경經 소리

눈 길 머무는 곳

산길에
홀로

서리 맞은
구절초

달 항아리 속으로
들어오는

기러기들

대추나무

야단법석
온 동네가 잔치다
지렁이도 알통을 자랑하고
번데기도 주름잡는 날

뒷짐 지고
매 눈깔로 관망하다가
법석도 파장 무렵에야

서두르는 속내를

들꽃도 임자가 있다

들꽃은 산중 과일이 아니다

함부로 꺾지 마라

혼자인 듯하지만

사방 일백 리에

낯 바실 일 생긴다

무심

가을 강에
바스러진
낙엽 한 잎 떠내려간다

또

한 잎 막 떠내려가고

뭐 하는 고

단풍물 먹었는가

매에 매에 헹구게나

품앗이는 없네

뭐 그리 꾸물거리는고
옷 한 벌
지붕 위에 던지는 것이

어허, 사람 참

반추

되새김질하는
소
풀밭에
그림자 깔고

눈에는 흰 구름
삼생三生을 씹고 있다

빈 집

한적한 길
느린 걸음으로 지나다 보면
잡풀이 무성하고
마당에는 드문드문 낯익은
양지꽃도 피어있다

빗장마저 없는 대문
빨랫줄엔 새끼 새
이소를 준비하는 듯
줄타기를 하고 있다

해거름에는 산이
어슬렁어슬렁 내려와
신발을 벗어 놓는다

그럴 뿐

서리 찬 달빛
홀로
섬돌로 내려올 뿐

간간이 어미 찾는 산짐승
소리
목이 시릴 뿐

도랑물 거슬러
선
바위 하나 우뚝할 뿐

어디에도
나
보이지 않는다

설야 한담

눈이 녹으면 떠난다 했느냐
한 바퀴 돌아보려 합니다
정한 곳이 있겠지
정할 수가 없습니다
정하지 않는 것이 더 가깝다

다 못한 말들은 잊어버려라

세 마디만 한다면

이를 갈며 살았다
씹고
물고도 모자라서
잠잘 때도 쁘드득

머리에 흰서리 내리니
하던 버릇 일 없다

용늪에 가시연꽃
꽃대 올라온다

소素

숲속에
산새소리
산조로 퍼지고

나비는
세이레를 신한신열 하다가
무량한 화변化變

저
무설설無說設한
눈짓

소나기

지금

뭐 하는 짓이여

뉘 집에 불났당가

벌건 대낮에

봉창 두드리게

고얀 것 같으니

씻을 물이 없다

古事에
'귀를 씻는다'는 말이 있다
지금은 귀는 물론 눈도 씻어야 할 판

그 씻어야 할 물
물도 씻어야 사용할 수 있으니

물을 씻을 수 있는 물은

여하산방

해와 달의 셈법은
의미가 없다

사람을 만나면
그림자와 놀고

늙은 개 한 마리
눈뜨고 입신 중이다

여하일기 초抄

지난 명절엔 사대四代가 흥겨웠는데
이번 추석은 삼대三代만 모였고
달마저 비에 젖은 한가위구나

안동 권씨 매화촌댁
어머니 생각하면
딸그락 딸그락 명주 짜는 북소리
아라리 아라리 아라리요
목젖에 바늘로 꽂힌 아라리요

일몰

西山
가지 끝

잘 익은
홍시
하나

툭,

조손 한담

- 할배요

새鳥집에는 지붕이 없네요

- 그대로 두거라

눈이 눈썹을 볼 수 있느냐

지팡이

낮
과
밤

사이

바
람
한
점

화려한 날

허공을 보고
짖을 줄 아는 개

개 눈 속에
꽃이 만발한 것 같다

허공은 참으로 큰
꽃이다

하얀 내음

꽃진 자리마다
속곳 내음이
하얗다

저 모습
저대로
저 몸짓

흰나비 한 마리

한 치 앞

똥 누고 밑 볼 새도 없다든

매화촌 어매

잠자는 것도 아깝다 아깝다

난생처음 효도관광 떠나는 날

갈새 없다는 말 못 들었는데

긴 잠에 들었다

화각畫刻

잠자리 날개
얼비친 적삼
도화색 살결
나비가 꿈을 꾸는 매화잠
자분자분 창포향 날리며
그네 줄 잡은 손
발 굴려 오락가락
복사꽃 가지마다 분분한

환幻

지상에서 가장 큰 소리

낙

화

제2부

검은 내 黑川

저녁 어스름
검은 내에 나가
강바닥을 유심히 보라

물살이 검은 돌들을 씻어서
강물을 만들고
씻긴 돌들은 밤마다
하나씩 하늘로 올라

사람의 숫자만큼
별이 되었다가
낮에는 검은 내의 돌이 되는 것을

고향에 두고 온 것 중에

해지는 줄 모르고 모래밭에 앉아
사랑한다 사랑한다
정아에게 쓴 네 글자

저녁 먹으라고 부르던
어머니 목소리

함박눈 무게에
뒷산 잔솔가지
부러지던 긴 겨울밤

깃발로 펄럭이던
열여덟 살 머슴아

찾아가면 기다리고 있으려나

사랑법

흑천 강바람은 무쇠
얼음 발로 서성이는 원덕역
마지막 전철은 연착이다

오늘따라 히터는 벙어리

조수석에 옮겨 앉아
몸으로 의자를 데운다
체온을 기아 변속하듯이

기다리던 아내
언 손 부비며
내 품인 줄
그 자리 덥석 앉는다

나무가 자라는 건

나무가 자라는 건
멀리보기 위함만은 아닐 것이다

나무가 자라는 건
새들을 위함만은 아닐 것이다

나무가 자라는 건
열매를 맺기 위함만은 아닐 것이다

그런 나무 아래서
선한 사람들이 쉬고 있다

낙화생 落花生

잎으로 가린

노란 미소

흙에다 내려

종種을 매다는

겸손

해바라기를 외면한

지조 志操

개안開眼

숲 덩굴 속에서
새 울음소리 들리고
서리 맞은 국화 향기 짙다

아깝다

발걸음 멈추는 이 없네

문득

그물로 바람을 잡고
항아리에 소리를 담으려는
중생衆生

아득다

곳간을 짓지 않고 날으는
새는
자취를 남기지 않는다는 말이

농사철 풍경

아침 들판에
경운기 간다

한낮 들판에도
경운기 간다

저녁에는 더욱 바빠
엔진 소리 크다

논바닥 헤집던
왜가리 한 쌍 서둘러
자리를 뜬다

눈빛이 닮았다

지난밤 까치가 얼어 죽었다
이른 아침 쓰레기통을 뒤지며
돌덩이 같은 찬 밥을 부수고 있는
다리가 성치 않은 길고양이
인기척에 고개를 쳐들다
파지 줍는 할머니와
눈이 마주쳤다

담소

바다는 조용하고
아득히
고깃배 오르락내리락
백사장을 걸으며
원준이와 담소를 나눈다

- 경계境界는 살아 있습니까
- 달팽이 집이지
- 허물 수 있습니까
- 주머니 없는 옷이 있지
- 허문 다음은 어떠한지요
- 파도가 왔다 갔다고 한다

당랑일지

당랑거사螳螂居士
거사去死하신다

머리부터
사대육신을 시식하는
당랑여사螳螂女士

영생永生은
황홀한 비극

명아주는 심지 않겠다

단단함과 가벼움으로
최고라 일컫는
명아주 지팡이를
선물로 받았다

안동포安東布
수의壽衣를 준비한 기분이다

세발三足로 절룩이며
산모퉁이 돌아가는 등 굽은
바람

가까운 절에서
저녁 종소리 들린다

명절 무렵

목이
길어진

깃털 허성한
두 마리 비둘기

문간에 주저앉아

고샅길로
눈빛
환하다

사부곡

집집마다 아버지의 등불이 켜질 때면
지창에 일렁이는 호롱불 심지를 돋우고
밤새워 어매는 물레를 돌렸다

열다섯 동갑 어린 나이에 혼례를 올리고
이역 땅 만주에서 신혼의 단꿈도 잠시
만주사변이 발발하였다

만삭의 스물다섯 살 새댁은
경의선 남행열차로
몸 풀러 고향에 온 것이
아들 얻자 경의선 철로는 끊어지고
남편과 영영 생이별이 되었다

어매는 육십 년을 기다리다 말문을 닫았고
아들은 칠십 년째 주소를 옮기지 않았다
기다림은 이제 이승의 허기진 꿈

어느 생인들 어떠하랴

꼭 한번
단 한 번만이라도
품에 안겨
목 놓아
불러보고 싶은

아버지를

산촌 랩소디

산촌에 살다 보면
함께 살아가야 할 식구들이 많다
사는 방식과 언어가 틀려도
먹은 마음을 서로가 잘 알고 있다

이른 봄 뱀을 만나면
뱀아 내 아내가 너희들을 무서워하니
우리 집 주변에는 얼씬도 하지 마라
낮은 목소리로 타일러 주면
일 년 내내 우리 집에서는
뱀들이 자취를 감춘다

이 산 저 산 뻐꾸기
한량조로 목청을 꺾을 때면
양볼이 붉어지는 오디
자줏빛 젖꼭지 금세 부풀지
그런 밤이면
산막의 불빛도 일찍 꺼진다

소쩍새는 안절부절 밤을 새우고

처서가 지나면
아사증에 걸린 모기는
걷어붙인 팔뚝을 보고도
철 지났다고 외면을 한다

밤꽃이 필 때

보리밭 푸른 거웃
허리가 부러져 깔려도
들녘은 애써
군자풍君子風인 양
달빛에 짖고

별의 보관법

별이 우물에 빠졌다

사람들은 두레박으로 별을 퍼서
번지르한 도자기 항아리에 담아놓았다
마을은 별밤으로 생기가 넘쳤다

언제부턴가
별들은 하나 둘씩 빛이 흐려져
짙은 어둠으로 적막해졌다

한 곳, 유난히 반짝이는 집이 있으니

질그릇에 담아놓은 그 여자네 장독대

울음의 색깔

아침에는 금줄에 고추 매단
집 앞을 지나오다
울음소리 들었네

저녁엔 지붕 위 흰옷 걸려 있는
집을 지나치다
울음소리 들었네

울음에도 색깔이 있네

탱자의 귓속말

유세 가는 공자 귀에다 대고

나는
여여한 날
내 거시기를 보고
탱자탱자
하고 있지

장자도 알고 있느냐고
공자가 물었다

푼수

빨랫줄에 널려서
햇빛에 칼날을 맞기도 하고

소금 항아리 속에서
물간 웃음 지으면서

속이 꽉 찬 배추인줄 안다

개밥을 주고 뒤 돌아 보면
개란 놈

뭘 봐 하는데도

제3부

3월에 내리는 눈

생강나무 가지를 적시다

할아버지 혼유석에 머물다
옛집 추녀에 머물다
월사금 못 낸 발등에 머물다
올 삭은 소매 끝에는 더 많이 머물다

우워우워
생강의 눈물이다

개 족보

밤새 끙끙 거리며 수작을 부리던 잡개
한달음에 옆집 울타리를 월담하여
풍산개 허리를 감고 올라탔다

씨받이 풍산개 모셔왔다고
동네 수컷들 여물게 단속하던
김 씨 얼굴이 떠올랐다

사단은 쉽게 끝날 것 같지 않다
이놈들
안면몰수하고
사십오도 각도로 붙은 엉덩이
흘레 삼매경이다

찬물을 동이로 들이붓고
막대기로 때리고 발로 차도
거시기가 진공청소기에 빨려든 듯

난감한 일이다
다행히 밭일 나간 김 씨는 오지 않았다

일 치른 연놈은 딴청 부리며
입 꾹 다물고
개 족보가 개 족보 된 줄 모르는 김 씨
풍산개 자랑 늘어지게 하고 갔다

김 영감

눈이 오면 큰길은 제설차로 치우고

외딴 집은 주인의 몫이다

팔순의 김 영감 혼자 종일 치워도

똥개 털 엉덩이 비빈 자리만 하다

- 힘드는데 뭐 하러 치우니껴
- 설 명절에 애들 안 오나

자식들 오는 걸 못 본 지 여러 해다

노상방뇨 사건

- 여보 차 좀 세워봐
오줌보가 터질 것 같아

급한 김에 가까운 골목
담벼락 옆에 차를 세웠다
좁은 틈새 겨우 쪼그리는 찰라
난데없이 요란한 사이렌 소리

- 서울은 참 빠르기도 하네
어느새 신고가 들어갔단 말인가

그냥 지나가는 경찰 차였는데
속 옷은 물먹은 솜바지가 되었고
바닥엔 지도가 그려졌다

동자승은 수행 중

골짜기 다한 곳에 없는 듯한 암자

산은 만산홍엽 암자를 덮고
동자승 해우소서 바지춤 내려
불끈불끈 아랫배 힘주고
단청물 번진 얼굴

– 큰스님 응아는 안 나오고 고추가 화났어요.

– 이놈아 오디는 뻐꾹새가 울어야 익는단다

뒤돌아보는 것

물같이
흐르듯
앞만 보고 걸었다

처음 가보는 길
모르고 저지른
부끄러운 짓
한두 가지겠냐만

노루가 총 맞는 건
뒤돌아보기 때문이라 하겠다

만다라

오방색 물감을 펼쳐놓고
이발관 그림을 그리려던 땡초

벽에 걸린 카렌다 걸을 보는 순간
한 줌 물감을 움켜쥐고
내시 좆 주무르듯
진언 진언
콧구멍 나발 불다가

슬그머니
바랑 속에 든 참빗 챙긴다

바위의 독백

단풍잎
한 잎
어깨에 내려

쇄골에 실금이 갔다

나는
왜
말랑말랑 한가

밝은 눈

잡새는
마음 구슬 갖고 노는
참眞새
알아보지 못한다
무명無明의 적
잡새들이여
푸른 산에 눕기 전에
안에서 찾아라

별리

그대
떠날만한 노을

달 뜨기 전에
창을 닫는다

저녁 까마귀도
눈자위 흐려진다

봄에 듣는 소리 중에

도란도란 개울물 소리
파릇파릇 풀잎 소리
앙금앙금 새순 소리
보슬보슬 봄비 소리

그중에서도 그녀의
벌렁벌렁 젖가슴 소리

비대면 풍경

다래 넝쿨 덮인 지붕
뜰은 도랑가에 접하고
풀은 뽑지 않아
산중 식구 들락이네

휘어진 나무 아래
등급은 두 양주
이빨 빠진 소리로

그믐밤은 그림자가 없어서
떠날 수가 없다 하네

비움

발아래 천 길 단애

머리 위에 푸른 하늘

지팡이 던져 버린

한 점 바람

학鶴

밝은 달 속으로

빈 잔

입가에 묻은 거품을 훔치고
빈 잔을 들여다본다

술은 채우면 되지만

스님도 떠난 절집
혼자서 우는 풍경소리

언제까지일까

수저 셈법

우리 집 수저통도
한때는 아홉 벌이나 북적거렸다
지금은 두 벌 수저가 쾡하니 마주 보고 있다

이마저도
한 벌만 남겠지
누가 먼저 놓고
떠날지는 알 수 없는 일

아침 상머리에 마주 앉아
– 만약에 당신이 먼저 떠난다면
내 수저 당신 주고
당신 수저 내가 가졌다가
그곳에서 다시 만나 –

끈을 놓지 않으려는
필살기 셈법

아내가

가을비 내리는 동서울터미널
출발 십분 전 아내가
오뎅이 먹고 싶단다

십분의 촉박함과 오뎅 한 그릇
후루룩 게눈 감추듯
- 여보 나 입덧 하나 봐
생전 안 먹던 이것이 먹고 싶으니

망칠望七에 똥칠이어도
신문에 날 일이라도 좋다
반세기 전 아내를 만날 수 있었으니

자식들

가장 큰 울림으로
내게 왔었지

여미고 다독이며
품고 있다가

자랑스레 꺼내보는
영롱한 진주알들

씨와 올로 짜여진 둥지
고사리 손으로 쌓아 올리는
탑

미약하고 노쇠한 받침대는
그저 바라만 본다

온몸 녹여 사랑한
그것만으로는 허기져
알맹이는 아프다

이토록 세상이
환한 빛으로 밝은 건
또 내가 당당한 건

내 품에 든
아홉 손가락 선물들 때문

떠날 때는

날갯죽지 부러진
해오라기 한 마리
논바닥 흙탕물에 허우적이고
그 옆에 또 한 마리
당황한 날갯짓을 하며 주위를 맴돈다

부부인가 보다

별이 뜨지 않는 밤
날개는 어둠 속에 점점 깊이 잠겨
새벽을 맞을 수 없을 듯

서로 목을 감고 있다

고독사가 빈번한 요즘
잠든 아내를 조용히 끌어안아본다

왜가리 가족

추석 무렵이면
논둑에 삼삼오오
남쪽 하늘 바라본다

한철 정분났던
논배미에
등 붙일까

몇 날 며칠 부리 맞대고

덜 성근 새끼들
날개죽지 주시하며
비상飛翔 연습 시킨다

용문산 야경

산은
우글우글
물소리

홀로 우는 풍경은
경經에 없는
법문

용문龍門에
승천하는
달

마의태자
지팡이가
가리키고 있다

장독대

작은 손이
하늘을 닦아

큰 산 하나씩
주저 앉히는

어머니의
소도蘇塗

재촉

언제 적
던진 돌인데
아직도
하단에서
서성거리고 있나

까마귀
낮게 날아
고막을 찢으며
한 마디 하고 간다

지렁이를 찬함

흔히들
지렁이만도 못한 놈이라 폄훼의 말들 한다

금실 좋기로 소문난 자웅동체다
배란기가 오면 남의 씨를 받아도
여여부동如如不動 평상심이다
항상 낮은 자세로 흙 속을 노닐다
인간에게 살신 공양도 하며
허물을 가리는 옷을 입지 않고
벗은 몸으로 승천의 때를 기다리는
천진 무욕이다

눈뜨고 둘러보아도
잘났다는 놈들 개똥 씹는 소리만 하지
지렁이 비슷한 놈도 보기 어렵다

단풍 비雨

아홉 구멍
열 구멍을

콱콱 막는

저, 환장할
가시네

행각

책장도 넘길 만큼 넘겼다
수만 킬로 국경도 넘나들었다

마음은
바람의 메아리가 가득
낮술에 취한 장터마당 같다

천진天眞은
처음부터 갖고 있었는걸
알음알이로 구하려 했으니

탁

허튼 말놀이

명하가 물었다

할배요
- 길道에도 문이 있습니까
- 열려있지
- 대도무문大道無門은 어떠합니까
- 소도 웃지

- 봐라 저기
대도무문大盜無門 보이지
많이도 모였다

제4부

별당 야경

고가 뒤뜰에
모란은 반개하고

숨어 부는 대금 소리

달빛
격자무늬 창살에 번져
마루에 부서지니

까치발로 머뭇거리는 그림자

사랑방 큰 기침 소리

부부

윗니와 아랫니 같다

부딪치면 소리 나고
가끔은 혓바닥도 깨물지만
돌이라도 씹으면 함께 시리다

세월을 씹노라면
충치 풍치 발치에 이치異齒까지
수시로 머리에 지진도 난다

닦을수록 깊어지는
사랑 같은 거

한 가지만 남았다

오랜만에
팔순이 넘은 누님께
안부 전화를 했다

– 동생 내 나이 되어보게
울 일도 없고
웃을 일도 없네

이제 한 가지
갈 일만 남았지

등에 업고 놀아주던
댕기머리 누님은 어디 가고

아름다운 글씨

생일날
우체부가 전해 주고 간 편지 한 통

"하라부지 건강 하시어오"

연필심에 침 묻혀
삐뚤삐뚤 꾹꾹 눌러쓴

뻘밭에 털개 자국 같은

세 살 먹은 명하 글씨

바람이 남긴 말

개가 주인을 선택하는 것을 보았는가
내가 보이지 않는다고 없다고 할 수 있는가
집을 지고 다니는 달팽이와
집을 두고 다니는 개미며
구더기가 정랑에서도 산다는 거

벌은 꽃의 빛깔과 향기를 취하지 않고
꿀 만들 꽃가루만 취하고
들풀은 우산을 쓰지 않는다는 거

바다의 나이테를 부수는 저 물마루를 보라

병식이

산을 좋아하는 병식이 친구
겨울 설악이 그림 같다고
만날 때마다 입버릇처럼 하더니

요즘은 다리 힘이 예전만 못하여
미술관 순례를 하고 있다고 했는데

들리는 소문에
말문을 닫고 땅만 보고
다닌다는 말도 있고

바늘로 두 눈을 꿰매고
두문불출한다고도 한다

아마도
꿰맨 눈에 실밥 풀면
천안통天眼通을 달았겠지

분별

인간의 영역에
도전하는 것은
태어남이요

신의 영역에
도전하는 것은
죽음일진대

흩어지는 구름 아래
길을 묻는 이

거기 뉘 왔소

산불

바람의 부채질로
뱀의 혓바닥은
삽시간에 온 산을
핥아버린다

사방으로
럭비공처럼
불똥을 차고 내달리는

고라니 오소리 너구리 노루 멧돼지 산토끼
청설모 꿩 다람쥐 비둘기 부엉이 산새

나무들은
그 자리에서
산生 채로
다비목茶毘木이 되었다

사소하지 않는 일

아침마다 찾아와
먹이를 먹고 가던 고라니가
며칠째 오지를 않는다

누군가
고라니가 다니는 길목에 설치한
올무에 걸려 죽었다

숲 덩굴 헤치며
애간장 찢어지는 저 울음소리
어미인지 새끼인지

씨눈 앓이

잠 속에서도
감출 수 없는 통증
미풍이 나무통을 흔들어
열꽃을 터뜨리면

잠자던 얼굴에선
선한 빛
연두색 살결
햇살에 안겨
의지의 자유는
수액으로 흐르고

바람은 구멍마다
다른 소리를 만든다

메밀

비탈진 자갈밭
몸부터 달구어진
등신等身

꽃잎으로 서러운 걸
강원도 봉평 가시내

운무 어린 달빛에
세모로 아린
먹점

이장은 괴롭다

마을회관 확성기에서
유행가가 흘러나오고
이장이 한소리 시작한다

농약과 제초제를 사용하지 않는
친환경 선도마을 양심1리 주민 여러분
긴급히 알려 드립니다

토양미생물은 농업센터에서 수령하고
축비는 축협 자재부에서 구매하기 바랍니다
주민 여러분 특히
농약병 관리를 철저히 합시다

어제 저녁 산수 할배 갑산 어른이
농약을 막걸리로 잘못 마신 후
응급실로 갔는데 위독합니다

이상으로
무농약 친환경 농산물을 생산하는
양심1리 이장이 알려드렸습니다

중심 잃은 거리

하늘이 동전잎 만 하다
가로등이 걸어 나와 이마를 민다
돌부리가 발등을 찬다

도시의 골목마다
맨홀 뚜껑이 일어서서
끈적한 습기
비린내 나는 목구멍으로
썩은 피를 구토한다

폭우 속으로
한 사나이가 걸어가고 있다

악동樂童 천하

예천 땅에 다섯 명의 악동이 있었다
이들이 떴다 하면
골목이 환해지고 딸 가진 집
창문들이 반쯤 열린다

이들이 누군고 하니

학문과 문필에 일가를 이룬 취오 김봉균
덕을 쌓아 넉넉한 낭만선객 운고 김대진
자상하고 알뜰한 맏형 악송 황진규
은유와 해학의 시인 송암 김일진
물러나 산림에 노닐는 여하

우정은 금광석 같고
해와 달이 함께한 금은이다

산림총회

산림사회에 저질스런 무리들이
일으키는 혼란과 분열이 도를 넘었다
이를 참다못한
짐승 대표 열둘이 모여
대책을 새웠다

공자 맹자 노자 장자같이
모든 짐승들의 이름에 자子자를 붙여
품격을 높임으로 스스로 각성케 하고
인간 사회에도 이를 권유하기로 결의했다

계묘년 초하
짐승대표 각각 자필서명하다

쥐자(子子) 우자(丑子) 범자(寅子) 토자(卯子)
용자(辰子) 뱀자(巳子) 말자(午子) 양자(未子)
신자(申子) 닭자(酉子) 개자(戌子) 돈자(亥子)

노티기

오래된 바람이 모여
아랫말 웃말 약샘말 동막
한 바퀴 돌고 나면
묵은 소문들이 초가집 굴뚝마다
저녁연기로 낮게 깔린다

소식은 늘 창락도로 오갔고
봉모정奉慕亭 오르내리던 발걸음
그림자 묘연할 뿐
번창했던 씨족들의 지문은
오백 년 입향조 세거비에 흐릿하다

옛 집터에선
젊은 어매와 어린 내가
종아리 걷고 회초리 들려다
끌어안던 모습만이
아른아른
흐린 눈 속으로 든다

삼강나루

안동 만송헌 가는 길에
금천 내성천 낙동강이 만나는
수주현 삼강나루를 운천옹과 함께
회룡포를 돌아본 후 들렸다

철퍽철퍽 뱃전을 때리던 삿대 소리는
세월 뒤편으로 멀리 갔고
옛 나루 둘러보니
합수물만 어제와 같다

은모래 백사장에 주차장
주막마다 피자 냄새 소음 같은 음악
파전에 동동주 육자배기 한가락은
풍장수장風葬水葬 아련한데
소문 듣고 관광객들 무리 지어 밀려온다

삼남三南선비 한양길에 쉬어가던 나루터
주등 아래 흥청이던 물산과 인걸

운천옹

옛 나루에

지팡이 꽂아놓고 왔으니

말 무덤言塚

예천 지보 대죽 한대 마을은
개犬 모양을 닮은 주둥개산이
개 아가리犬口 지점에 말 무덤言塚도 있다

5백여 년 전부터 마을에는
박씨 김씨 최씨 류씨 여러 문중이 모여 살았다
문중 간에 크고 작은 시비가 끊임없이 일어나
하루도 편한 날이 없었다
이를 견디다 못한
각 문중 대표들이 모여서 묘안을 내었다

날짜를 택하여
마을 사람 어른 아이 할 것 없이 모두
거짓말과 욕설 남을 헐뜯고 상처 주는 말들과
자기가 평소에 품고 있던 말을
지방紙榜처럼 써서
사기그릇에 담아 오게 하였다

이를 전부 모아 마을 사람 모두가 보는 앞에서
주등개산 개구犬口지점에 깊이 파서 묻고
봉분을 조성한 후 말言 무덤이라 이름하였다

그날 이후
마을은 화목하고 각 문중은 지금까지 번창하고 있다

허나
계묘년
광화문이나 여의도에 꼭 있어야 할
주등개산 말 무덤은
언제 조성할 것인가

청단 놀음

예천 청단놀음이 유명하여 염라국까지 소문이 났다
그 놀음이 어떤 놀음인지 깜깜이라 저승사자가 만나는 망자마다
"너는 예천 청단놀음을 보았느냐?"고 물었다
마침 그 소리를 들은 예천 출신 망자 한량이
'내가 청단놀음을 잘 알고 있는데 자세히 설명할 태니
나를 망자명부亡者冥府에서 빼어 주시오'
저승사자 고개 끄덕이었다
신이 난 예천 한량 사설을 풀어놓기 시작했다

청단은 붉고 푸른 원색이라
정적靜的 아닌 동적動的이니 활기차다.
탈은 바가지탈 일곱 개에 키 탈 네 개로 도합 열네 개요
춤은 덧보기춤에 농악은 외마치 세마치 살풀이장단으로
여섯 마당 가면묵극假面默劇으로 구성되어 있고
마당마다 몸짓언어 풍자해학 반상班常을 아우르고
광대와 관중이 일심동체 흥에 겨운 한바탕 민속놀이다

세시 명절 철 따라 한천 강변에 광목천으로 장막을 설치하고
예천한량과 예천상인들이 울긋불긋한 익살스런 옷을 입고
길놀이로 시작하여 한바탕 놀아 보는데
악사와 광대들이 농악에 마쳐 허튼춤으로 흥을 돋우어
사람들을 불러 모아 분위기를 조성한 후
청단놀음 들어간다

첫째 마당 광대놀음 들어간다
한천 강변이 들썩들썩 어깨춤이 절로 난다
둘째 마당 양반놀음 들어간다
상류계급 위선풍자 오장육부 후련하고
셋째 마당 주지놀음 들어간다
잡귀액운 쫓아내니 모인사람 무사태평
넷째 마당 지연광대 놀음 들어간다

마을 안녕과 풍농을 기원하고
다섯째 마당 중 놀음 들어간다
배불사상 해학이네 웃음이 절로난다
여섯째 마당 무동놀음 들어간다
대동단결 화합하니 국태민안 영원하다

마당 마당 사이마다 악사 기생 풍물 연주
재주 넘기 상모 돌려 생동감이 넘쳐나고
가면 표정 춤사위에 이심전심 해학이다

밤늦도록 횃불 밝혀
흥에 겨운 군중들 집에 갈 줄 잊고

저승사자 넋 놓고
예천 한량 명부 따윈 까먹은 채
아직도 청단놀음 설명하고 있다

詩作 노트

여 도 현

 '詩란 무엇인가'라는 담론보다는 '나는 왜 詩를 쓰는가'라는 사유를 밝히는 것이 맞는 것 같다. 내가 쓴 글은 詩라기보다는, 아리랑과 같은 限을 넘고 싶은 일종의 중얼거림이라고 생각한다.
 이 중얼거림은 처음부터 詩法과는 거리가 멀 수도 있다.
 사물과의 중얼거림은 끊임없이 이들과 소통하고 직관에서 이루어진다.
 그러한 과정에서 限의 경계도 넘을 수 있고, '나는 누구인가'라는 답도 찾을 수 있다고 확신하고 있다.
 詩 또한 세계만물과의 소통이며 자신을 완성하는 道라고 한다면, 나의 중얼거림도 어쩌면 시가 될 수도 있지 않겠는가.

　　길어서 아픈 강물
　　생인손을 감춘다

　　달빛에
　　가난을 익히던

객창
진날
하얀 수레바퀴의
음색

어둠도 꽃이 핀다

- 「낙일 소묘」

 어둠도 자라 꽃이 되고, 어둠도 꽃이 핀다는 것을 알기 까지는 많은 시간이 필요했다. 사회제도와 국가권력 앞에 개인의 존재는 참으로 미약했던 시절이 있었다. 전쟁과 가난 이념분쟁 속에, 이 땅에 태어났다는 이유만으로, 좌절과 시련 속에 거리를 방황하고, 울분을 삭여야 했던 암울하던 때, 나름대로 자연에서 위로받으며 '나는 누구인가?'라는 의문을 갖게 되었다.
 그래서 사물과의 중얼거림이 버릇이 되었고, 그 중얼거림을 간결하게 기록한 것이 詩라고 한다면 詩일 것이다.

 "모든 어둠엔 빛의 씨앗이 숨겨져 있다"고 단테의 신곡에서 얘기했듯이, 모든 생명과 빛의 모태는 어둠이며, 어둠에서 탄생하여 어둠으로 돌아간다는 순리를, 그 어두운 터널을 빠져나옴으로 볼 수 있었으니, 감사한 일이 아닌가. 비록 사회적인 영달과 부는 얻지 못하였어도 根源을 찾는 눈을 달아 주었으니 말이다.

- 할배요

새鳥 집에는 지붕이 없네요

- 그대로 두거라

눈이 눈썹을 볼 수 있느냐

- 「조손 한담」

  나는 손자 명하와 이야기 하는 것을 좋아한다. 아이가 천진한 눈으로 보는 세상은 모든 게 새롭고 신기하지 않는가. 어른들은 새집에 지붕이 있든 없든 무심하지만, 아이의 눈에는 지붕이 없다는 것이 무척 궁금할 수밖에 없는 사건이다.

  여기서 할배는 어떻게 설명하여야 하는가. '눈이 눈썹을 볼 수 있느냐'라는 대답은 아이에게는 설명될 수 없는 의문만 키울 수 있을 뿐이다.

  그러나 어떠랴. 훗날 스스로 터득할 때가 있으리라. 그때가 될 때면 할배는 세상 사람이 아니어도 「조손 한담」은 계속되리라.

말과 문자로는 다할 수 없는 「조손 한담」은 더욱이 알음알이로는 해석이 불가하다. 시에서 말하는 애매모호성, 즉 다의성이 내포되어 있다. 이 또한 시라고 한다면 시일 수도 있을 것이다.

그렇게
소리죽여
웃음을 웃다가 웃어
더는 참을 수 없어
그 웃음 가지에
달거리를 하였으니

- 「산도화」

웃음을 참는 볼 붉은 얼굴, 그것도 초경을 치른 소녀의 웃음은 天眞 그대로가 아닌가. 웃음에서 발아한 생명은 유쾌하다. 순수하고 아름답다.

오래 전 봄 내음이 이끄는 산길에서, 산도화 홀로 만개한 모습에 취하여 허우적이다, 한 대 크게 맞고 정신을 차린 적이 있다.

자연의 순리에 순응하며, 스스로 자신을 완성하는 希言을 들었기 때문이다.

발 아래 천길 단애

머리 위에 푸른 하늘

지팡이 던져 버린

한 점 바람

학鶴

빈 산

밝은 달 속으로

- 「비움」

 어쩌면 지금까지 서술한 것들이 어쭙잖은 편견일지도 모른다. 그러나 예술, 그중에서 시는 더욱 정답이 없는 것 같다.
 인생에 정답이 없듯이. 나의 중얼거림 속에 시 정신이 살아있길 바라고, 일상에서 사물과 소통하는 중얼거림이 詩라고 할 수도 있다면, 나의 중얼거림은 끝내 詩에 다다를 수 없을지라도 멈추지 않을 것이다.

여 도 현 呂道鉉

1946년 경북 예천에서 태어났다.
한국문인협회 양평지부 회장을 역임하고
〈양평예술 대상〉〈황순원 문학상〉을 수상했다.
부부 시집 『여하산방 물감을 풀고』,
개인 시집 『하얀 수레바퀴』
7인 시집 『슬픔에 다가서서』
6인 시집 『심심하거나 무심하거나』
공저 『지역인문학과 지역사회』가 있다.
현) 문화학교에서 〈시 창작 강의〉를 하고 있다.

e-mail. dugkwp@hanmail.net